Instagram Marketing

Wie man mit Instagram Geld verdienen kann

1. Auflage

Anna Silzing

Copyright © 2019 – Markus Lauter

Alle Rechte vorbehalten

Inhaltsverzeichnis

Vorwort..5

1. Was ist Instagram? **8**

   1. 1. Was verbirgt sich hinter der App „Instagram"?......................8

   1. 2. Wie melde ich mich bei Instagram an?....................9

   1. 3. Drei Arten von Profilen 10
      1. 3. 1. Privates Profil...11
      1. 3. 2. Öffentliches Profil...11
      1. 3. 3. Business Profil..13

   1. 4. Wie funktioniert das soziale Netzwerk Instagram?.............13

   1. 5. Instagram-Fachbegriffe einfach erklärt........................15
      1. 5. 1. Follower & Reichweite...................................15
      1. 5. 2. Likes & Interaktionen....................................16
      1. 5. 3. Feed 19
      1. 5. 4. Hashtags 20
      1. 5. 5. Insta-Storys...22

   1. 6. Für welche Zielgruppe ist Instagram interessant?...............24

2. Wie kann ich mit Instagram Geld verdienen?.....................**26**

   2. 1. Wie funktioniert Influencer Marketing? 26

   2. 2. Voraussetzungen und Reichweite............................30

   2. 3. Wer kann mit Instagram Geld verdienen?...................32

   2. 4. Was versteht man unter einem Micro Influencer?..............33

   2. 5. Wie läuft eine Kooperation ab?..................................35

   2. 6. Wie viel Geld kann ich mit Instagram verdienen?..............36

3. Wie werde ich auf Instagram erfolgreich?.......................**38**

3. 1. Wie gestalte ich mein Profil am besten? *39*

3. 2. Was kommt alles in die Biografie? *39*

3. 3. Wie sollte mein Feed aussehen?..*41*

3. 4. Welche Fotos kommen auf Instagram gut an?......................*45*

3. 5. Was sollte ich bei den Bildunterschriften meiner Posts beachten?..*48*

3. 6. Wie oft sollte ich etwas posten und wie funktioniert der Instagram-Algorithmus? *53*

3. 7. Zu welchen Uhrzeiten sollte ich posten?................................*56*

3. 8. Wie kann ich meine Reichweite erhöhen und meine Zielgruppe erreichen?...*59*

3. 9. Kann und sollte ich mir zu Beginn Follower "kaufen"? *63*

Schlusswort **65**

Vorwort

Mit dem Smartphone hin und wieder ein paar Bilder hochladen und damit Geld verdienen?! Das klingt wie ein Traum – ist es jedoch nicht. Mittlerweile nutzen unzählige Menschen das soziale Netzwerk als lukrative Einnahmequelle. Manche machen es nur, um sich ein kleines Nebeneinkommen zu generieren. Andere wiederum finanzieren mit Instagram ihren gesamten Lebensunterhalt.

Doch kann das eigentlich jeder? Prinzipiell Ja! Mit genügend Wissen und Strategien, sowie Ausdauer und Motivation kann im Prinzip jeder mit Instagram Geld verdienen. Dies ist jedoch nicht ganz so einfach, wie es auf den ersten Blick scheint. Um Instagram als Geldeinnahmequelle nutzen zu können, muss zunächst ein ansprechendes Instagramprofil erstellt sowie eine eigene und möglichst große Community aufgebaut werden. Während man sich ein Instagramprofil binnen weniger Minuten erstellen kann, braucht der Aufbau einer Community jedoch in der Regel Zeit – von heute auf morgen geht es also nicht. Zudem gibt es sehr viele Aspekte zu beachten, wenn es darum geht, auf Instagram erfolgreich durchzustarten.

In diesem Ratgeber erfahren Sie alles, was Sie wissen müssen, um auf Instagram Geld verdienen zu können. Im ersten Kapitel wird dabei zunächst erklärt, was sich hinter der bekannten App verbirgt und wie die Anmeldung funktioniert. Da Instagram auf sehr unterschiedliche Weise genutzt werden kann – etwa nur zum privaten Vergnügen, zum Geldverdienen oder auch als Unternehmen – gibt es auch verschiedene Arten von Profilen, die man sich auf Instagram erstellen kann. Diese werden im ersten Kapitel vorgestellt. Im Anschluss werden die verschiedenen Funktionen der App sowie wichtige Fachbegriffe genauer erläutert. Anschließend wird noch darauf eingegangen, für welche Zielgruppen Instagram besonders interessant ist.

Das zweite Kapitel zielt darauf ab, genauestens zu erklären, wie man mit Instagram Geld verdienen kann. Dabei wird unter Anderem auf die Definition und den Wert des sogenannten „Influencer Marketings" eingegangen, sowie nötige Voraussetzungen dazu erläutert. Des weiteren wird erklärt, was man unter einem „Micro Influencer" versteht, da dieser

Trend in der Social Media Welt aktuell sehr populär ist. Außerdem erhalten Sie einen Einblick, wie eine Kooperation in der Regel abläuft und wie viel Geld Sie mit Instagram im besten Fall verdienen können.

Im dritten Kapitel erhalten Sie dann zahlreiche Tipps und Tricks, die Ihnen dabei helfen, auf Instagram erfolgreich durchzustarten. Zu Beginn erfahren Sie, wie Sie Ihr persönliches Instagramprofil am besten gestalten, welche Inhalte in die Biographie gehören und wie Ihr „Feed" am besten aussehen sollte. Danach wird erklärt, worauf es bei guten Inhalten ankommt und außerdem wann und wie oft Sie etwas posten sollten.

Des weiteren erfahren Sie, welche Aktivitäten notwendig sind, um sich eine treue Followerschaft aufzubauen und zu halten. Dabei wird auch darauf eingegangen, wie Sie Ihre Zielgruppe erreichen und auf sich aufmerksam machen können. Zum Schluss wird noch die Möglichkeit des „Kaufens" von Followern thematisiert und warum Sie von dieser Möglichkeit besser absehen sollten.

1. Was ist Instagram?

Instagram ist neben Facebook & Co. Eines der erfolgreichsten sozialen Netzwerke und derzeit in aller Munde. Dabei handelt es sich um einen kostenlosen Online-Dienst, der dazu dient, Fotos und Videos zu teilen. Instagram wurde im Jahr 2010 gegründet und ist international erfolgreich.

So können Bilder und Videos nicht nur mit Freunden und Bekannten, sondern prinzipiell mit Menschen auf der ganzen Welt geteilt werden. Mittlerweile nutzen bereits über 500 Millionen Menschen diese Plattform, um sich mit anderen zu verbinden und ihre Inhalte zu teilen. Pro Minute werden derzeit auf Instagram über 40.000 Bilder und Videos hochgeladen, sodass an einem Tag knapp 60 Millionen neue Beiträge entstehen. Die Zahl der Instagramnutzer steigt zudem täglich.

1. 1. Was verbirgt sich hinter der App „Instagram"?

Instagram ist in erster Linie eine visuelle Plattform, da Bildinhalte bei dieser App im Vordergrund stehen.

Mittlerweile nehmen aber auch Videoinhalte vermehrt zu, sodass sich Instagram zu einer audiovisuellen Plattform hin entwickelt. Auch Textinhalte sind relevant, da jedes Bild mit einer kurzen oder bei Bedarf auch längeren Bildunterschrift versehen wird. Darüber hinaus steht Instagram auch mit anderen sozialen Netzwerken in Verbindung, sodass Inhalte mit nur einem Klick auch auf anderen Plattformen, wie zum Beispiel Facebook geteilt werden können. Wie Instagram genau funktioniert, wie man sich dort anmeldet und welche Möglichkeiten die App bietet, wird in den folgenden Abschnitten erläutert. Zudem werden wichtige Fachbegriffe definiert, welche in den nachfolgenden Kapiteln dieses Ratgebers noch sehr relevant sein werden.

1. 2. Wie melde ich mich bei Instagram an?

Je nach Smartphone kann man sich die App über iOs oder Android kostenfrei herunterladen. Nach der Anmeldung erstellt man sich dann zunächst ein ansprechendes Profil mit dem echten oder einem Fantasie-Namen, einem ausgewählten Profilbild und einer kurzen Beschreibung, welche sozusagen als kleiner Steckbrief dient. Instagram ist ebenso über den PC oder ein Tablet abrufbar, dient jedoch vorrangig zur Nutzung auf dem Smartphone. Beispielsweise kann man sich über den PC zwar Inhalte anschauen, nicht aber Bilder oder Videos teilen. Die Anmeldung sollte deshalb möglichst gleich über die Smartphone App erfolgen, um den Vorgang nicht unnötig kompliziert zu machen. Bislang ist die Nutzung der App völlig kostenlos und kann praktisch auf jedem Smartphone verwendet werden. Die Anmeldung dauert nur wenige Minuten und sobald Instagram auf dem Handy installiert ist, kann es auch schon losgehen.

1. 3. Drei Arten von Profilen

Da Instagramnutzer mit der App ganz verschiedene Ziele verfolgen, gibt es unterschiedliche Arten von Profilen. Die einen nutzen Instagram lediglich zur Unterhaltung und zum Spaß. Andere informieren sich über aktuelle Trends und bleiben mit der App „auf dem Laufenden". Wieder andere nutzen die App aktiv, um ihre eigenen Fotos und Videos mit der Welt zu teilen und sich zu verbinden. Ein großer Teil nutzt das soziale Netzwerk mittlerweile auch für geschäftliche Zwecke, insbesondere für Marketing. Für all diese verschiedenen Bedürfnisse der Nutzer, gibt es auch unterschiedliche Arten von Profilen.

1. 3. 1. Privates Profil

Bei der Erstellung des Profils gibt es 3 Optionen: Zum einen ist es möglich, sich ein „privates" Profil anzulegen, was vor allem dann interessant ist, wenn die Inhalte ausschließlich für ganz bestimmte Personen erstellt werden sollen. Nicht jeder möchte seine Fotos mit der ganzen Welt teilen, sondern die App lediglich nutzen, um mit engen Freunden oder Familienmitgliedern in Kontakt zu bleiben. Stellt man sein Profil auf den „Privat-Modus", so wird öffentlich nur das Profilbild und der Name, jedoch nicht die Inhalte angezeigt. Freunde senden dann zunächst eine „Abonnieren-Anfrage" und sobald der Nutzer die Anfrage bestätigt hat, können sie die Inhalte sehen.

1. 3. 2. Öffentliches Profil

Die meisten Nutzer legen sich jedoch ein öffentliches Profil an, da sie sich mit der ganzen Welt und insbesondere mit

Personen verbinden möchten, welche die gleichen Interessen teilen. Bei einem solchen Profil kann jeder Nutzer alle Inhalte des Profils sehen, auch ohne den Nutzer zuvor abonniert zu haben. Wer mit Instagram Geld verdienen möchte, sollte sich immer ein öffentliches Profil anlegen.

Die Gestaltung der Inhalte entscheidet in der Regel darüber, ob eine fremde Person dem Nutzer folgen möchte oder nicht. Sind die Inhalte auf den ersten Blick nicht sichtbar, so ist die Wahrscheinlichkeit einer Abo-Anfrage nahezu bei Null. Bei dem öffentlichen Profil gibt es noch eine weitere Differenzierung. Zunächst ist ein Profil – auch wenn es öffentlich sichtbar ist – zunächst ein privates Profil. Dieses Profil wird in der Regel dann genutzt, wenn Instagram als ein Hobby angesehen wird. Die Nutzer interessieren sich in der Regel in erster Linie für die anderen, also passiv, posten hin und wieder aber auch gerne selbst Inhalte und freuen sich über Feedback. Bei ihnen ist es jedoch nicht relevant, wie viele Abonnenten sie haben oder wie vielen Menschen ihre Bilder gefallen. Die App dient hierbei also primär zum Spaß.

1. 3. 3. Business Profil

Wer mit Instagram Geld verdienen möchte, ist mit einem „Business-Profil" gut beraten. Der einzige Unterschied zu einem normalen, öffentlichen Profil ist hierbei, dass man Einblick in statistischen Daten erhält. Um sein Profil in ein Business-Profil umzuwandeln, muss der Instagram Account lediglich mit dem eigenen Facebook-Profil verbunden werden und ist ansonsten ebenfalls vollkommen kostenfrei. Der Einblick in die Statistischen Daten (bei Instagram „Insights" genannt) zeigt an, welche Bilder besonders gut ankommen, wie sich die Zielgruppe zusammensetzt und sogar wann die eigenen Abonnenten in der Regel online sind. Die Informationen aus den Insights können dann analysiert und somit zur Optimierung der eigenen Inhalte herangezogen werden.

1. 4. Wie funktioniert das soziale Netzwerk Instagram?

Sobald die App erfolgreich installiert ist, kann man damit beginnen, seine eigenen Fotos und Videos hochzuladen. Diese werden dann mit passenden Bildunterschriften versehen und anderen Nutzern angezeigt. Zum Anderen kann man auch selbst andere Nutzer mit einem Klick abonnieren, wodurch man immer die neuesten Beiträge der Person angezeigt bekommt. Wenn einem ein Bild gefällt, so kann man dazu einen Kommentar schreiben oder mit einem Herzchen versehen. Dieser Klick bedeutet nichts anderes als „gefällt" mir und wird im Allgemeinen als „Like" bezeichnet.

Auch geben die anderen Nutzern den eigenen Inhalten sogenannte „Likes", wodurch man schnell sehen kann, wie gut die Inhalte bei anderen ankommen. Die App wird in der Regel sowohl aktiv, als auch passiv genutzt. Das heißt, die meisten Nutzer laden selbst gerne ihre Bilder hoch, schauen sich aber auch die anderer Nutzer an. So entsteht eine Verbindung zwischen den Nutzen, worin letztendlich auch der Sinn eines sozialen Netzwerkes liegt. Darüber hinaus bietet Instagram auch die Möglichkeit, anderen Nutzern private Nachrichten zu schreiben und so in Kontakt zu treten. Instagram verfügt zudem über gute Suchfunktionen, sodass man andere Nutzer, aber auch bestimmte Inhalte leicht finden kann. Hierzu wurde im Übrigen auch die Funktion der „Hashtags" eingeführt, welche weiter unten noch genauer erläutert wird.

1. 5. Instagram-Fachbegriffe einfach erklärt

Um später genau darauf eingehen zu können, wie sich mit Instagram Geld verdienen lässt, müssen zunächst wichtige Fachbegriffe erläutert werden. Die Begriffe werden im weiteren Verlauf dieses Ratgebers als bekannt vorausgesetzt. Auf weitere Fachbegriffe wird im Verlaufe des Textes noch eingegangen.

1. 5. 1. Follower & Reichweite

Unter den Followern versteht man die Anzahl der Abonnenten eines Instagram Profil, also die Personen, welche dem Profil „folgen". Dabei kann jeder Nutzer beliebig vielen anderen Nutzern folgen und umgekehrt. Die Anzahl der eigenen Follower sowie die Anzahl der Nutzer, denen man selber „folgt" werden im oben in jedem Profil angezeigt. Sobald man einer Person folgt, werden einem regelmäßig die neusten Inhalte dieser Person angezeigt. Zudem erhält man Informationen darüber, wenn die Person beispielsweise ein neuen Livevideo gestartet hat. Darunter verbirgt sich die Funktion einer Live-Conversation mit den eigenen Followern, welche ähnlich aufgebaut ist, wie ein Online-Seminar – d. h. Die Person schaltet ein Live-Video, bei dem die Follower über die Kommentarfunktion mit dem Instagrammer interagieren können. Die automatisierten Benachrichtigungen können bei Bedarf aber auch deaktiviert werden, ohne der Person „entfolgen" zu müssen. „Entfolgen" bedeutet dabei nichts anderes, als dass man aufgehört der Person zu folgen.

Mit der Anzahl der Follower steht auch der Begriff der „Reichweite" in Verbindung. Je mehr Follower ein Instagram-Profil hat, umso höher ist die „Reichweite". Unter der Reichweite versteht man im Grunde genommen also die Anzahl der Follower, also Personen, die sich die Inhalte regelmäßig anschauen. Je mehr Follower es sind, umso mehr Menschen „erreicht" man also auch mit seinen Inhalten. Der Begriff Reichweite ist vor allem beim Thema Marketing relevant.

1. 5. 2. Likes & Interaktionen

Neben der Reichweite, beziehungsweise der Anzahl der Follower, ist auch die Anzahl der Likes und somit der

Interaktionsrate von Bedeutung. Wie oben bereits angemerkt, geben „Likes" Aufschluss darüber, wie vielen Menschen der jeweilige Post gefällt. Unter jedem Bild oder Video gibt es dafür einen „Herzchen-Button", sowie auch einen Button zur Erstellung eines Kommentars. Nicht jeder Nutzer schreibt gerne einen Kommentar, auch wenn ihm das gezeigte Bild gut gefällt, denn das Eintippen eines Kommentars kostet ein wenig Zeit. Mit der Like-Funktion können Nutzer jedoch mit einem einzigen Finger-Tipp auf das Herzchen zeigen, dass ihnen der Post gefällt. Das sogenannte „Liken" wird auch bei zahlreichen anderen sozialen Netzwerken, wie zum Beispiel Twitter oder Facebook gerne genutzt, da es eine schnelle und somit nutzerfreundliche Funktion darstellt.

Wenn ein Bild oder Video gelikt oder kommentiert wird, versteht man darunter eine „Interaktion" mit dem jeweiligen Inhalt. Gerade im Business ist es nicht nur relevant, welche Inhalte ein Profil bietet und welche Reichweite das Profil hat, sondern auch, wie die Abonnenten auf die einzelnen Posts reagieren. Unter den Interaktionen werden sowohl die Anzahl der Likes, als auch der Kommentare zusammengefasst, da beide Aktionen eine Reaktion auf das Bild darstellen.

Unter der „Interaktionsrate" versteht man übrigens das Verhältnis zwischen Followern und Interaktionen. Dieses Verhältnis ist im Bereich des Instagram Marketings sehr relevant, da die reine Anzahl der Follower schnell täuschen kann. Nicht jeder „sortiert" seine Abos regelmäßig aus, zudem gibt es mittlerweile zahlreiche Möglichkeiten Follower zu „kaufen". Diese Follower schauen sich jedoch nicht die Inhalte des Instagrammers an und somit kann die scheinbare Reichweite eines Profils durchaus „gefälscht" sein.

Da es auf dem Markt immer mehr „schwarze Schafe" gibt, gewinnt die Interaktionsrate immer mehr an Bedeutung. Dabei gilt: Je höher die Interaktionsrate, umso besser. Die Anzahl der Interaktionen wird dabei immer auf die Gesamtzahl der Abonnenten bezogen und sollte in einem guten prozentualen Verhältnis stehen. So kann ein Profil mit einer niedrigen Anzahl an Followern, aber einer hohen Interaktionsrate für eine Firma durchaus vielversprechender für eine Zusammenarbeit sein, als ein Profil mit hoher Reichweite, aber nur wenigen Interaktionen. Wenn beispielsweise ein Profil rund 50.000 Follower hat, die einzelnen Bilder jedoch durchschnittlich nur 500 Likes bekommen, dann liegt die Interaktionsrate bei gerade mal bei

1 %, da nur 1% der 50.000 Follower mit den Inhalten interagieren. Ein anderes Profil mit beispielsweise nur 10.000 Followern, bei dem die Bilder jedoch durchschnittlich rund 1.000 Likes bekommen, hat eine Interaktionsrate von 10 %, was schon deutlich besser ist. Um zu beurteilen, wie erfolgreich ein Instagrammer wirklich ist, sollte man sich deshalb niemals von einer hohen Abonnentenanzahl beeindrucken lassen, sondern stets auch die Interaktionsrate heranziehen.

1. 5. 3. Feed

Der Begriff des „Feeds" hat bei Instagram gleich zwei Bedeutungen. Zum einen beschreibt der Begriff des Feed mehr oder weniger die Startseite bei Instagram. Dabei handelt es sich um eine Chronik, welche stets die neusten Inhalte der Personen, welche man abonniert hat, anzeigt. Hier scrollt man somit nach unten und kann sich durch die neuesten Beiträge inspirieren lassen, Likes vergeben und Kommentare schreiben. Diese Art von Feed wird auch „Newsfeed" genannt.

Zum anderen beschreibt der Feed jedoch auch einen Teil jeden Instagram Profils und zwar die Sammlung aller bereits hochgeladenen Inhalte. Unter der Beschreibung des Profils werden alle Bilder und Videos in chronologischer Reihenfolge und in verkleinerter Form angezeigt. Aktuell befinden sich dabei jeweils 3 Posts in einer horizontalen Reihe und reichen vertikal bis zum ersten Post. Der Feed ist sozusagen eine kleine Collage aus allen Bildern, die einen schnellen und guten Überblick über die Inhalte des Profils liefert. An dieser Stelle sei bereits angemerkt, dass ein ansprechender und stimmiger Feed ein wichtiges Erfolgskriterium für erfolgreiches Instagram Marketing ist. Unter dem Begriff des „Feeds" ist deshalb im weiteren Verlauf dieses Textes stets der soeben beschriebene persönliche Feeds eines Profils und nicht der „Newsfeed" zu verstehen.

1. 5. 4. Hashtags

Hashtags dienen dazu, Inhalte zu bestimmten Themen zu einer Gruppe zusammenzufassen, um sie in sozialen Netzwerken einfacher auffindbar zu machen. Der Begriff Hashtag setzt sich dabei aus dem englischen Begriff „hash" für das Schriftzeichen des Doppelkreuzes „#" und dem englischen Begriff „tag" = Markierung zusammen. So kann jeder Nutzer ein hochgeladenes Bild mit einer Vielzahl von Hashtags markieren und diese somit bestimmten Themenbereichen zuordnen. Über die Suchfunktion können Nutzer dann über die Hashtag-Funktion nach bestimmten

Themeninhalten suchen. Möchte ein Nutzer beispielsweise ein Bild von seinem Essen auf Instagram hochladen, so kann er dieses mit den Hashtags #essen, #food oder auch mit jenen Hashtags, welche Eigenschaften beschreiben, versehen. Passend hierzu wären beispielsweise auch die Hashtags #lecker oder #gesund. Gibt ein Nutzer in der Suchfunktion von Instagram dann den Hashtag #essen ein, so werden ihm in chronologischer Reihenfolge alle Inhalte von Nutzern angezeigt, welche mit diesem Hashtag markiert sind.

Mittlerweile bietet Instagram sogar die Funktion an, dass man nicht nur anderen Instagramnutzern, sonder auch Hashtags folgen kann, sodass neue Inhalte mit dem jeweiligen Hashtag auch im Newsfeed angezeigt werden. Hashtags bieten somit eine hervorragende Möglichkeit, aus den vielen Inhalten auf

Instagram genau die zu finden, die für einen selbst interessant sind.

1. 5. 5. Insta-Storys

Ein weiteres Trend-Feature bei Instagram sind die sogenannten Insta-Storys. Diese bieten jedem Nutzer die Funktion, so viele Beiträge wie man möchte in Form von Bildern, aber auch von Videos hochzuladen, welche sich nach 24 Stunden automatisch löschen. Inhalte der Insta-Storys werden somit nicht direkt im Profil angezeigt, sondern oberhalb des Newsfeeds einer Person. Auf der Seite des Profils selbst ist die Story abrufbar, indem man auf das Profilbild der jeweiligen Person tippt.

Die Aufnahmen können über die App vielfältig bearbeitet werden und auch hierbei werden Hashtags eingesetzt. Das Besondere an den Insta-Storys ist, dass sie nach 24 Stunden komplett verschwunden sind und somit nicht mehr von anderen Nutzern gesehen werden können. Viele nutzen diese Funktion gerne, um ihre Follower mit durch ihren Alltag zu nehmen und über aktuelle Geschehnisse auf dem Laufenden zu halten. Instagram beabsichtigt mit dieser Funktion eine hohe Aktualität, weshalb auch das Hochladen von Inhalten auf einen Zeitraum von 24 Stunden beschränkt ist. Bei den Insta-Storys können deshalb nur Fotos oder Videos geteilt werden, welche in den letzten 24 Stunden entstanden sind. Das Hochladen von älteren Fotos oder Videos ist also nicht möglich.

Mit bestimmten technischen Tricks kann man prinzipiell auch ältere Inhalte zu seiner Story hinzufügen, was jedoch nicht Sinn dieser Funktion ist. Die Vorteile dieser Funktion liegen ganz klar darin, seine Follower auf dem aktuellen Stand zu halten und zu informieren. Natürlich wird diese Funktion aber gerne auch zur Unterhaltung benutzt. Wenn ein Nutzer beispielsweise gerne ein Foto teilen möchte, dieses jedoch nicht in seinem Feed hochladen will, so kann er es über die Insta-Story dennoch mit anderen Teilen. Das kann unter Umständen dann der Fall sein, wenn ein Bild nicht zu den eigentlichen Inhalten des Profils passt oder der Nutzer es als „nicht schön genug für den Feed, aber schön genug, um es zeigen" ansieht.

1. 6. Für welche Zielgruppe ist Instagram interessant?

Während sich die Mitglieder anderer sozialer Netzwerke, wie beispielsweise Facebook schon lange auf nahezu alle Altersklasse verteilen, war Instagram bislang eher von jungen Leuten geprägt. Aktuell nimmt die Nutzeranzahl von älteren Generationen bei Instagram jedoch stetig zu und auch in Zukunft ist hier noch ein weiteres großes Wachstum zu erwarten. Vermutlich werden sich somit die Mitglieder und somit natürlich auch die verschiedenen Themen bei Instagram über alle Altersklassen erstrecken.

Wer 40+ ist und mit Instagram Geld verdienen möchte, hat übrigens gute Chancen und sollte am besten gleich loslegen! Denn im Moment melden sich täglich mehr und mehr Menschen der Generationen 40 und auch 50 + an und machen sich langsam mit dem sozialen Netzwerk vertraut, sodass in einigen Jahren vermutlich jeder weiß, wie diese App funktioniert.

Wer aber jetzt schon als Experte gilt und sich einen Namen macht, hat gute Chancen mit Instagram erfolgreich zu werden. Denn noch ist die Konkurrenz in dieser Generation klein, wird in den kommenden Jahren aufgrund der steigenden Nutzerzahl jedoch sehr wahrscheinlich gewachsen sein. Bezüglich der Geschlechter gibt es bei Instagram kaum einen Unterschied. Sowohl Männer als als Frauen nutzen Instagram fast zu identischen Anteilen. Auch die Themenbereiche sind bei Instagram so unterschiedlich und vielfältig, da sich hier eigentlich kein einziger Themenbereich ausschließen lässt.

Ob Beauty, Mode, Ernährung, Fitness, Reisen oder Technik – bei Instagram findet jeder Inspiration. Natürlich ist Instagram sowohl für Privatpersonen als als für Unternehmen interessant. Privatpersonen können sich hier wie erwähnt zu allen möglichen Themen inspirieren lassen, während Unternehmen das soziale Netzwerk nutzen können, um ihre Produkte zu vermarkten und sich auf dem Markt zu positionieren.

2. Wie kann ich mit Instagram Geld verdienen?

Instagram wird von vielen privaten Nutzern schon längst nicht mehr umsonst betrieben. Viele beabsichtigen, in naher Zukunft aus ihrem Hobby eine lukrative Einnahmequelle zu machen. Wie genau man mit dieser App Geld verdienen kann und welche Voraussetzungen dafür zu erfüllen sind, erfahren Sie in diesem Kapitel.

2. 1. Wie funktioniert Influencer Marketing?

Wenn es darum geht, Instagram zu geschäftlichen Zwecken einzusetzen und damit Geld zu verdienen, dann spricht man im Allgemeinen von „Influencer Marketing". Der Begriff Influencer kann aus dem englischen abgeleitet werden und bedeutet soviel wie „Beeinflusser". Im Prinzip basiert diese Art von Marketing auf der Basis von persönlichen Empfehlungen einer vertrauten Person. Wenn jemand also beispielsweise ein bestimmtes Produkt oder eine Marke an einen Freund oder eine Freundin weiterempfiehlt, dann handelt es sich hierbei sozusagen um die kleinste Form von Influencer Marketing –

auch wenn die Person hierbei natürlich weder von der Firma beauftragt, noch bezahlt wird. Durch soziale Netzwerke wie Instagram kann eine Privatperson heutzutage jedoch wesentlich mehr Menschen erreichen, als nur die eigenen Freunde und Bekannten. Prinzipiell kann sich jeder eine große Community aufbauen und somit eine große Reichweite erzielen.

Firmen können sich diese Reichweite zu Nutze mache und für sich werben. Das bedeutet, dass der Influencer (=Instagram Nutzer) beispielsweise seiner Community ein bestimmtes Produkt vorstellt und empfiehlt, also „Werbung" macht. Der Effekt von Influencer Marketing ist größer denn je und Werbeexperten bezeichnen Influencer Marketing als das Marketing der Zukunft.

Dies hängt unter Anderem auch damit zusammen, dass andere Werbemaßnahmen, welche früher sehr wirkungsvoll waren, an Wert verloren haben. Beispielsweise wird Fernsehwerbung gerade bei der jüngeren Generation kaum noch wahrgenommen, da diese Generation ihre Zeit entweder lieber in sozialen Netzwerken verbringt oder sich lieber bei TV-Abo-Angeboten wie Netflix & Co. Ausgewählte Filme und

Serien anschaut, bei denen freilich keine Werbung vorhanden ist. Darüber hinaus nimmt die Auswahl an Medieninhalten immer mehr zu, wodurch sozusagen auch eine Art von „Reizüberflutung" entsteht. Die Menschen werden täglich mit so vielen Informationen „zugeschüttet", sodass eine Werbemaßnahme es erst mal schaffen muss, überhaupt aufzufallen und im Gedächtnis zu bleiben.

Die Vorteile von Influencer Marketing liegen vor allem auf der großen Vertrauensbasis von Instagrammern und ihren Followern. Die Follower verlassen sich auf das Urteil des Influencers, da sie ihn mögen und sozusagen ein Fan von ihm sind.

Denn auch im Alltag ist es natürlich so, dass eine Produktempfehlung von einer vertrauten Person, beispielsweise aus dem eigenen Umfeld oder eine Produktempfehlung eines Idols mehr Wirkung erzielt, als von irgendeiner fremden Schauspielerin oder einen unbekannten Model, welches beispielsweise im TV für das jeweilige Produkt wird. Ein weiterer Grund warum Influencer Marketing in Zukunft vermehrt an Bedeutung gewinnen wird ist, dass die Verbraucher sich diese Art von Werbung sozusagen „freiwillig" und gerne anschauen. Sich im Gegensatz dazu eine Werbung im TV anzuschauen, da der Lieblingsfilm von einer Werbepause unterbrochen wird, kann nicht als freiwilliger Konsum betrachtet werden. Die Inhalte auf Instagram schauen sich die Menschen jedoch freiwillig und gerne an, da sie den Eindruck haben, sich durch das soziale Netzwerk inspirieren zu lassen.

Die Beiträge werden hier also viel mehr als eine Art Inspiration oder wertvolle Empfehlung wahrgenommen und nicht als „aufgezwungene" Werbung. Zudem ist es möglich, mit Instagram ganz bestimmte Zielgruppen zu erreichen - vorausgesetzt man arbeitet mit den richtigen Personen zusammen. Kurz zusammen gefasst lässt sich Influencer Marketing also damit beschreiben, dass ein Unternehmen und ein privater Instagrammer zusammen arbeiten. Der Instagrammer bindet also die Produkte des Unternehmens in seine Beiträge, also in seine Fotos oder Videos mit ein, macht damit sozusagen Werbung und wird dafür vom Unternehmen bezahlt.

2. 2. Voraussetzungen und Reichweite

Wer mit Unternehmen zusammen arbeiten und somit auf Instagram Geld verdienen möchte, benötigt jedoch einige Voraussetzungen. Zum einen ist es zunächst wichtig, eine gewisse Reichweite aufgebaut zu haben. Ein Profil mit nur wenigen 100 Followern wird wohl wenn überhaupt kostenlose Produkte zur Verfügung gestellt bekommen. Um für Werbemaßnahmen auf dem eigenen Profil bezahlt zu werden, benötigt es schon eine ansehnliche Zahl an Followern. Aus Erfahrung weiß man, dass bezahlte Kooperationen ungefähr ab einer Anzahl von mindestens 10.000 Followern zu Stande kommen. Natürlich ist nicht nur die Reichweite, sondern auch die Interaktionsrate von Bedeutung um das Vertrauen von Unternehmen zu wecken.

Neben einer ausreichenden Anzahl an Followern ist es für die Zusammenarbeit mit einem Unternehmen ebenso von Vorteil, wenn die Follower aus einer bestimmten Zielgruppe kommen. So können Influencer und Firma besser auf einander abgestimmt werden und die Werbemaßnahmen führen wahrscheinlicher zu dem gewünschten Effekt, d. h. das vorgestellte Produkt ist für die Abonnenten auch relevant.

Postet ein Influencer heute über seine Kleidung, morgen über sein Essen und übermorgen über seine Katze, so ist der Inhalt dieses Profil sehr durchmischt. Da er in diesem Fall kein spezifisches Thema hat, wird es auch schwierig ein spezifisches Produkt zu finden, welches gut zu seinem Profil passt. Firmen entscheiden sich in diesem Fall lieber für einen anderen Influencer, der sich ausschließlich mit einem Thema befasst, welches gut zu dem zu verkaufenden Produkt passt.

Beispielsweise würde eine Firma, die Katzenfutter herstellt und einen Instagrammer sucht, welcher ein neues Katzenfutter Produkt auf Instagram wirbt, lieber einen solchen nehmen, der ausschließlich Katzenbilder postet und nicht noch 100 andere Dinge. Dahinter steckt im Grunde genommen nichts anderes als die Spezifität der Zielgruppe:

Alle Menschen, welche diesem Profil folgen, werden mit hoher Wahrscheinlichkeit Katzen lieben und sicherlich auch oft selbst eine Katze besitzen. Bei anderen Influencern, die nicht jeden Tag ein Katzenbild posten, sondern auch sehr viele andere Dinge wird die Zielgruppe wohl kaum so spezifisch sein. Die Firma sieht also mehr Potenzial in einem Influenzer, welcher genau die Zielgruppe anspricht, die auch das Unternehmen ansprechen möchte.

Um mit Instagram erfolgreich Geld zu verdienen braucht es zum einen also eine recht hohe Anzahl an Abonnenten und zum anderen ein bestimmtes Thema, um für Firmen, aber auch für Abonnenten selbst interessant zu sein. Natürlich gehen damit auch einige andere Fakten einher. Auf die genaue Strategie wie man beispielsweise eine hohe Anzahl an Abonnenten erreicht und auch weitere Bedingungen für ein erfolgversprechendes Marketing wird in Kapitel 3 genauer eingegangen.

2. 3. Wer kann mit Instagram Geld verdienen?

Da das Themenspektrum auf Instagram, wie in einem vorherigen Abschnitt erwähnt, sehr vielfältig ist, kann man hier auch mit ganz verschiedenen Inhalten Geld verdienen. Auch lassen sich beide Geschlechter sowie nahezu alle Altersklassen auf Instagram finden, so dass es hier kaum Einschränkungen gibt. Auch Unternehmen verbreiten sich mehr und mehr in dem sozialen Netzwerk: Von

Kosmetikhersteller über Restaurants bis hin zur Autowerkstatt ist hier jeder vertreten. Mit Instagram Geld zu verdienen, unterliegt somit nicht einer bestimmten Branche. Wer mit dem sozialen Netzwerk durchstarten möchte, sollte sich somit bestenfalls ein Thema überlegen, was ihm sehr gut gefällt und was ihm Freude bereitet. Passende Unternehmen, die gerne eine Kooperation eingehen möchten, kommen bei einem gewissen Erfolg irgendwann von ganz alleine.

2. 4. Was versteht man unter einem Micro Influencer?

Wichtig zu erwähnen ist in diesem Kapitel noch, dass nicht nur Instagrammer mit enorm Reichweite ein großes Potenzial haben, mit Instagram Geld zu verdienen. Lange Zeit galt je mehr Followern ein Instagram hat, umso wertvoller ist er für ein Unternehmen. Prinzipiell spielt die Reichweite zwar immer noch eine große Rolle, jedoch ist es lange nicht mehr so, dass nur die Influencer mit einer sehr hohen Anzahl an Followern (etwa im fünf- oder sechsstelligen Bereich) einen großen Wert für Unternehmen haben. Denn hierbei kommt es auch auf das Unternehmen selbst, beziehungsweise auf die Spezifität derer an. In letzter Zeit nimmt nämlich der Wert sogenannter

„Mikro Influencer" immer mehr zu. Unter einem Micro Influencer versteht man im Grunde genommen einen Influencer mit einer eher geringen Anzahl von Followern. Diese können für Unternehmen und insbesondere für die Vermarktung ihrer Produkte entscheidende Vorteile bieten.

Zum einen ist bei einem Influencer mit eher niedriger Reichweite die Zielgruppe oftmals spezifischer. Die Vorteile einer engen Zielgruppe wurden bereits weiter oben erläutert. Das Unternehmen kann bei einem Micro Influencer eher davon ausgehen, dass das Produkt auch exakt die richtige Zielgruppe anspricht. Zum anderen haben Micro Influencer auch den Vorteil, dass sie oft in engere Verbindung zu ihren Followern stehen.

Damit ist gemeint, dass oft ein größeres Vertrauen besteht, da die Abonnenten sich mit dem Influencer mehr verbunden fühlen. Ein Macro Influencer (also jemand mit einer sehr großen Followerzahl), schafft es beispielsweise in der Regel nicht, jeden einzelnen Kommentar oder gar jede privat eingehende Nachricht der Abonnenten zu beantworten. Jemand mit einer geringen Reichweite tut dies jedoch und ist somit mehr mit seinen Abonnenten verbunden. Dadurch steigt das Vertrauen und somit auch die Bereitschaft, vorgestellte und empfohlene Produkte zu kaufen. Hierbei sagt man im Allgemeinen, dass ein Micro Influencer aber dennoch mindestens um die 10.000 Follower haben sollte, wobei es denn noch auf die Spezifität ankommt. Wenn eine Firma beispielsweise ein sehr besonderes Produkt für eine ganz spezifische Zielgruppe herstellt, welche insgesamt nur einen sehr kleinen Teil der Bevölkerung ausmachen, so kannst auch ein Influencer mit gerade mal 2.000 Abonnenten, aber dem selben Thema sehr interessant für ein Unternehmen sein.

2. 5. Wie läuft eine Kooperation ab?

Zu Beginn einer Kooperation entsteht zunächst eine Kontaktaufnahme zwischen PR Abteilung des Unternehmens und dem Influencer – in der Regel per E-mail. Inzwischen bestehen jedoch auch zahlreiche Agenturen, welche zwischen Unternehmen und Influencern vermitteln. Sind beide Parteien an einer Zusammenarbeit interessiert, so werden zunächst alle nötigen Details miteinander besprochen, bis sich beide über jegliche Einzelheiten der Zusammenarbeit einig sind. Dazu gehören zum einen die genaue Produktplatzierung, beispielsweise, ob das Produkt explizit vorgestellt oder in einer Post nur am Rande erwähnt werden soll und weiterhin, ob dies in Form eines Fotos, Videos oder vielleicht auch in Form einer Insta-Story stattfinden soll. Des weiteren wird besprochen, ob es sich um eine einmalige Zusammenarbeit oder um eine langfristige Kooperation handeln soll.

Nicht zuletzt wird natürlich auch die Höhe der Vergütung im Vorhinein vereinbart. Hierzu gibt es zwar ganz ungefähre Richtlinien, an denen man sich orientieren kann, letztendlich handelt es sich bei der Vergütung jedoch um eine individuelle Vereinbarung zwischen Unternehmen und Influencer. Sind alle Aspekte geklärt, so kann die Kooperation beginnen und der Influencer bereitet entsprechend seine Beiträge für die Zusammenarbeit vor. Im Anschluss erstellt er für das Unternehmen eine Rechnung, womit die Kooperation abgeschlossen ist.

2. 6. Wie viel Geld kann ich mit Instagram verdienen?

Eine oft gestellte Frage ist natürlich auch, wie viel Geld man mit Instagram überhaupt verdienen kann. Hierzu ist zu sagen, dass die Spanne sehr breit ist und ganz von der Aktivität und der Reichweite des Influencers abhängt. Die Vergütung, die man für einen Instagrambeitrag bekommt, bemisst sich dabei größtenteils an der Höhe der Reichweite. Je höher diese ist, umso höhere Honorare kann man dabei verlangen, auch wenn die individuelle Vergütung wie bereits erläutert stets eine Vereinbarung zwischen Unternehmen und Influencer und somit bei jeder Kooperation individuell ist.

Für höhere Reichweiten sind Unternehmen jedoch auch stets dazu bereit, höhere Preise zu zahlen, da natürlich auch die Werbemaßnahme dadurch einen höheren Effekt erzielt und somit gerechtfertigt ist. Da die Zahl der Abonnenten bei Instagram einer äußerst großen Spanne unterliegen, unterliegt auch der Verdienst einer großen Spanne. Während kleine Instagrammer nur eine geringe Vergütung ab 50 € pro Post oder manchmal sogar nur für das Zusenden von kostenlosen Produkten einen Beitrag für das Unternehmen erstellen, liegt die Vergütung bei reichweitestarken Influencern teilweise im vierstelligen Euro Bereich für einen einzigen Post. Wer sehr viel Geld verdienen möchte, braucht also sehr viele Follower. Wie man das erreicht wird in dem nachfolgenden Kapitel erklärt.

3. Wie werde ich auf Instagram erfolgreich?

In den folgenden Abschnitten dreht sich alles darum, wie man auf Instagram erfolgreich wird und damit Geld verdienen kann. „Erfolgreich werden" bedeutet in diesem Zusammenhang vor allem, eine treue Fangemeinschaft im Sinne von einer möglichst hohen Anzahl an Followern aufzubauen. Dass diese Voraussetzung für eine monetäre Einnahmequelle durch Instagram sind, wurde im vorherigen Kapitel erläutert. Um sich eine eindrucksvolle Anzahl an Abonnenten aufzubauen, müsse zahlreiche Aspekte beachtet werden. Zum einen muss natürlich das Profil möglichst ansprechend sein, damit Interessenten Lust haben, einem zu folgen. Zum Anderen muss der Instagrammer natürlich regelmäßig aktiv sein und stets neuen und guten Content liefern, damit die Follower auch bleiben und ihm nicht wieder „entfolgen". Worauf für die Erreichung dieses Ziel genau zu achten ist, wird in den nächsten Abschnitten erklärt.

3. 1. Wie gestalte ich mein Profil am besten?

Um mit Instagram Geld zu verdienen, sollte man sich gleich zu Beginn ein Business-Profil anlegen. Durch diese Art von Profil erhält man, wie im ersten Abschnitt erklärt, Einblick in wichtige statistische Daten. Die Einsicht in diese Daten ermöglicht sowohl den Content selbst als auch allgemeine Aktivitäten auf Instagram im Hinblick auf die gewünschten Ergebnisse besser einzuschätzen und somit zu optimieren.

Zunächst sollte dann ein ansprechendes Profilbild ausgewählt werden – möglichst natürlich eines, welches die eigene Person zeigt. Das Bild sollte sympathisch wirken und möglicherweise auch etwas aus der Masse herausstechen. Das Profil ist sozusagen die Visitenkarte des Instagrammers und entscheidet in Sekundenschnelle über „Folgen" oder „Nicht-Folgen", sobald ein Interessent das Profil aufruft.

3. 2. Was kommt alles in die Biografie?

Die Biographie dient als eine Art Steckbrief, in welchem die wichtigsten Informationen über das Profil aufzufinden sind.

Dazu gehört es zum einen, das Thema des Profil in kurzen Schlagworten festzuhalten, sodass jeder potentielle Follower, aber auch jedes interessierte Unternehmen auf den ersten Blick sehen kann, worum es bei dem Profil geht. Je nach Themengebiet können hier auch demographische Daten relevant sein. Des weiteren sollte in der Biographie unbedingt eine E-mail-Adresse zur Kontaktaufnahme hinterlegt sein. Zwar bietet Instagram auch die Möglichkeit, direkt über die App private Nachrichten zu versenden.

Diese Funktion wird von vielen jedoch als eher unprofessionell angesehen, wenn es um geschäftliche Zwecke geht. Gerade Firmen nehmen den Kontakt lieber per E-mail auf, da diese Art formeller ist. Zudem benötigen Business-Profile aus rechtlichen Gründen auch ein Impressum, welches ebenfalls in der Biographie verlinkt sein sollte.

Wer neben Instagram auch anderweitig im Netz unterwegs ist und beispielsweise eine Website betreibt, sollte auch diese unbedingt in der Biographie angeben. Natürlich können auch Links zu aktuellen Aktionen oder ähnlichem verlinkt werden. Wichtig ist, die Biographie immer aktuell zu halten. Ratsam ist zudem, die Daten in der Biographie, also Thema, demographische Daten, Homepage, ect. jeweils untereinander anzuordnen, um einen guten Überblick zu geben. In der App selbst lassen sich jedoch keine Absätze generieren, jedoch kann hierbei auch einen einfachen Trick zurückgegriffen werden: Die Biographie kann auf anderer Stelle im Smartphone – beispielsweise bei den „Notizen" - vorgeschrieben werden -so ist es möglich, Absätze zu machen. Anschließend kann der vorgeschriebene Text einfach kopiert und in die Instagram-Biographie eingefügt werden.

3. 3. Wie sollte mein Feed aussehen?

Neben der Biographie spielt auch die Gestaltung des Feeds eine herausragende Rolle.

Oft wird sogar die Biographie überlesen, sodass der Blick gleich auf die Bilder fällt, die im Feed zu sehen sind. Dies liegt einfach daran, dass visuelle Inhalte wie Bilder schneller und leichter verarbeitet werden und unser Blick somit zunächst auf diese Aspekte fällt. Oft wird beim Anblick eines Profils deshalb zunächst der Feed angeschaut und erst später die Informationen der Biographie gelesen.

Für einen attraktiven Feed ist es in erster Linie wichtig, dass die einzelnen Bilder natürlich attraktiv und ansprechend sein müssen. Bei uninteressanten Bilder oder Bildern von schlechter Qualität wird natürlich niemand dem Instagram-Profil folgen wollen. Des weiteren ist es jedoch auch wichtig, dass man anhand des Feeds sofort eine klare Richtlinie erkennt. Damit ist gemeint, dass die Bilder alle ein bestimmtes Thema haben sollten und man auf den ersten Blick erkennt, was man auf diesem Profil erwarten kann.

Dies steht eng in Zusammenhang mit der in Kapitel 2 definierten Relevanz einer spezifischen Nische. Wenn der Inhalt eines Profils sehr durchwachsen ist, also sehr verschiedene Bildmotive zeigt, ist die Wahrscheinlichkeit, dass dieses Profil viele Follower bekommt sehr gering. Wie in Kapitel 1 dargestellt, gibt es weltweit Millionen Instagram-Nutzer und viele davon posten alles Mögliche auf ihrem Instagram Account. Ein Instagrammer, der ganz verschiedene Bilder, z. B.

Eine Mischung aus Tieren, Sonnenuntergängen, Essen und Selfies postet, ist auf Instagram nichts Besonderes, sondern einer von Millionen. Um Follower anzuziehen muss man somit herausstechen und eine klare Positionierung haben. Hierbei gilt im Zweifel auch lieber weniger zu posten, als aus der Not heraus zum eigentlichen Thema unpassende Bilder hochzuladen. Jedes hochgeladene Bild befindet sich im Abschluss schließlich im eigenen Feed und dieser ist nun mal die Visitenkarte des Instagrammers. Bilder, die nicht so gut zum Thema und in den Feed passen, kann man bei Bedarf wie schon erklärt einfach in den Insta-Storys teilen. So kann man sie seinen Followern zeigen, ohne dass sie jedoch im Feed erscheinen. Stattdessen löschen sie sich nach 24 Stunden automatisch.

Um einen einheitlichen Feed zu erzeugen, sind jedoch nicht nur die Motive, sondern auch die farbliche sowie die formgebende Gestaltung ausschlaggebend. Ein Feed sollte möglichst in wiederkehrenden Farben gestaltet sein, um ein möglichst einheitliches Bild zu erzeugen.

Hier zu zählen nicht nur die Farben an sich, sondern auch bestimmte Bildeffekte zu. Hilfreich ist es dazu, die von Instagram bereit gestellten Filter zu verwenden. Filter legen sozusagen einen einheitlichen „Schleier" über jedes Bild, sodass der Feed insgesamt stimmiger wirkt. Welche Filter dafür verwendet werden, ist jedem selbst überlassen. Keinesfalls sollte man jedoch bei jedem Bild andere Filter verwenden, da der Feed dadurch nicht einheitlich wirkt. Besonders wirkungsvoll ist auch ein eigenes Branding, welches neben bestimmte Farben auch wiederkehrende Symbole beinhaltet. Eine ganz individuelle Note sorgt dafür, auf den ersten Blick interessant zu wirken und später auch im Gedächtnis zu bleiben.

Auch das Detailreichtum der Bilder spielt für den Einheitseffekt eine Rolle. Die Bilder sollten entweder sehr detailreich sein, also viele kleine Elemente enthalten oder eben größere und wenige Elemente enthalten. Ein Foodblogger sollte sich beispielsweise überlegen, ob er auf seinen Bilder jeweils ein besonderes Gericht in Nahaufnahme in Szene setzen will oder bei jedem Bild lieber ein detailliertes Bild des gesamten Tisches mit zahlreichen Beilagen und Dekoelementen erstellen möchte. Bei einem Thema, welches vor allem die Selbstdarstellung, z. B. Im Bereich Fashion oder Schmuck beinhaltet, sollten entweder ausschließlich Ganzkörperfotos oder aber Portres gezeigt werden.

Natürlich kann man auch hier hin und wieder eine Ausnahme machen – ca. 90 & des Feeds sollten jedoch stimmig sein. An dieser Stelle sei noch darauf hingewiesen, dass es sogar bestimmte Apps gibt, mit denen man seine Instagram-Postings planen kann. Mit solchen Apps lässt sich testen, wie die einzelnen Bilder im Instagram-Feed wirken. So kann man im Vorhinein feststellen, ob die Bilder, welche man gerne hochladen möchte, wirklich zu den anderen Bildern passen und zudem auch eine perfekte Reihenfolge festlegen und sich danach richten.

3. 4. Welche Fotos kommen auf Instagram gut an?

Selbstverständlich liegt das Augenmerk jedoch nicht nur auf dem Gesamtbild des Feeds, sondern auch auf den Bildern an sich. Der Feed entscheidet zwar in der Regel darüber, ob jemand den Follow-Button klickt, jedoch werden die einzelnen Bilder jedem bestehenden Follower in seinem Newsfeed angezeigt. Sieht der Nutzer ein unschönes Bild, so ist er schnell dazu geneigt, der Person wieder zu entfolgen, da er in seinem Newsfeed natürlich nur interessante und schöne Inhalte sehen möchte. Zudem spielt wie bereits erläutert nicht nur die

Anzahl der Follower, sondern auch die Anzahl der sogenannten Likes eine wichtige Rolle. Dass schöne und ansprechende Bilder mehr Likes bekommen als unschöne, muss an dieser Stelle wohl nicht genauer erläutert werden. Doch was macht ein „schönes" Bild letztendlich aus? Schließlich liegt die Bewertung eines Bildes augenscheinlich doch vor allem im Auge des Betrachters.

Dies ist auch prinzipiell richtig, aber dennoch gibt es einige Richtlinien, die man bei der Aufnahme seiner Bilder beachten sollte. Zum einen muss das Bild selbstverständlich eine gute Qualität aufweisen, was jedoch nicht bedeutet, dass hierfür unbedingt eine hochwertige und teure Spiegelreflexkamera von Nöten ist. Auch mit dem Smartphone lassen sich heutzutage schon sehr gute Bildqualitäten erzielen.

Wichtig ist, dass das Bild nicht verschwommen und auch nicht zu dunkel ist. Die Bilder sollten also möglichst von Natur aus hell sein. Es empfiehlt sich von daher, möglichst immer bei Tageslicht zu fotografieren. Welche Inhalte auf Instagram gut ankommen, ist maßgeblich von dem jeweiligen Thema abhängig und kann an dieser Stelle nicht pauschalisiert angegeben werden. Ein weiterer allgemeingültiger Aspekt, den man beachten sollte ist jedoch das Format. Besonders vorteilhaft sind Bilder im Hochformat, da diese im Newsfeed der Nutzer größeren Platz einnehmen und somit mehr Beachtung finden. Keinesfalls sollte man Bilder im Querformat posten, da diese sehr schnell übersehen werden.

Bei Bildern im Hochformat muss jedoch stets bedacht werden, dass die Bilder im Feed auf ein quadratisches Format reduziert werden. Deshalb sollte bei jedem Bild vor dem Hochladen zunächst geprüft werden, ob das Bild auch dann noch einen guten Eindruck macht, wenn unten und oben ein Teil abgeschnitten wird. Die Bilder sollten also sowohl im Hochformat, als auch quadratisch noch gut aussehen.

Zum besseren Verständnis sei dieser Aspekt kurz an einem Beispiel genauer erläutert: Möchten Sie sich beispielsweise in der Mode-Szene bewegen und verschiedene Outfits zeigen, so eignet sich das Hochformat hierfür natürlich hervorragend. Wenn das Bild im Hochformat jedoch gleich oben am Rand beim Kopf beginnt und am unteren Rand nahe an den Füßen endet, so sind bei dem quadratischen Format im Feed Kopf und Füße vom Bild abgeschnitten.

Dies wirkt alles andere als schön und professionell, weshalb Sie diesen Fehler unbedingt vermeiden sollten. Stattdessen sollte das Bild im Hochformat nach unten und nach oben weiter ausgerichtet sein und „unwichtige" Elemente wie Himmel und den Boden beinhalten. So ist bei der Reduktion auf das Quadrat im Feed lediglich der Himmel und der Boden abgeschnitten, Sie als Person jedoch vollständig auf dem Bild zu sehen. Testen Sie somit unbedingt aus, dass die Bilder welche Sie im Hochformat hochladen, auch als Quadrat im Feed noch gut aussehen. Die große Herausforderung bei Instagram besteht unter Anderem also darin, Bilder zu erstellen, die sowohl einzeln, aber gleichzeitig auch im Feed attraktiv aussehen.

3. 5. Was sollte ich bei den Bildunterschriften meiner Posts beachten?

Sobald ein schönes Bild für den Instagram-Account gefunden, ggf. bearbeitet und mit einem individuellen Filter versehen ist, fehlt nur noch die Bildunterschrift. Diese sollte ein paar Sätze oder Schlagwörter beinhalten und auch hierbei ist die Ausgestaltung sehr themenspezifisch. Unabhängig davon sollten Bildunterschriften jedoch nicht zu kurz und auch nicht zu lang sein. Ab einer bestimmten Länge werden die Nutzer die Bildunterschriften nicht mehr lesen, da es sie zu viel Zeit kostet. Bei Instagram handelt es sich um ein Medium, welches auf einen „schnellen" Konsum ausgelegt ist. Nutzer investieren bei solchen Medieninhalten im Allgemeinen nach statistischen Erkenntnissen weniger Zeit, als beispielsweise bei Printmedien wie Büchern oder Zeitschriften.

Von sehr langen Bildunterschriften ist deshalb in der Regel immer abzuraten. Wie kurz die Beschreibung sein darf, hängt zum Einen von der Thematik, aber auch von der Aktivität des Instagrammers ab. Wenn ein Instagrammer beispielsweise sehr viel und regelmäßig postet und zudem vielleicht sogar regelmäßig Insta-Storys dreht und dabei seine Abonnenten auf dem Laufenden hält und von allen Geschehnissen des Tages berichtet, so braucht er diesen in seinen Posts nicht stetig zu wiederholen. Hier reicht dann auch eine kurze Beschreibung des Bildes in wenigen Worten.

Des weiteren ist es sinnvoll, die Follower in einer Bildunterschrift direkt oder indirekt zum Kommentieren aufzufordern. Das Kommentieren der Posts wirkt sich positiv auf die Interaktionsrate aus und steigert somit das Wachstum.

Oft kommentieren die Follower von selbst und schreiben zum Beispiel, dass sie das Bild schön finden. Viele geben jedoch auch nur einen Like, womit prinzipiell ja das gleiche ausgedrückt werden kann, womit ein Kommentar sozusagen überflüssig ist. Sinnvoller ist es deshalb, in seiner Bildunterschrift Fragen zu stellen oder die Follower zur Meinungsäußerung aufzufordern. Diese Fragen können ganz banal sein und sich beispielsweise darauf beziehen, ob sie das auf dem Bild gezeigte Produkt/Gericht/ect. auch kennen und mögen oder welche Erfahrungen sie damit gemacht haben. Somit fordert man seine Abonnenten zum Kommentieren auf, was sich bei jedem Bild positiv auswirkt. Bestenfalls sollten Sie die Kommentare dann auch beantworten und mit den Followern in Interaktion treten.

Dies hat gleich zwei Vorteile: Erstens fühlen sich die Follower durch die Beantwortung ihrer Kommentare wertgeschätzt und werden so mit höherer Wahrscheinlichkeit auch den nächsten Post wieder kommentieren. Zweites zählt der Instagram-Algorithmus auch die Antworten als Kommentar mit, was wiederum die Interaktionsrate steigen lässt. Wenn 10 Personen Ihren Post kommentieren und sie jeden davon beantworten, zählt Instagram letztendlich 20 Kommentare auf Ihr Bild.

Neben einer kurzen Beschreibung des Bildes und einer Fragestellung oder Aufforderung finden des weiteren auch Hashtags in der Bildunterschrift Verwendung. Diese sind wie bereits erläutert wichtig, um die Inhalte einem bestimmten Themengebiet auf Instagram zu zu ordnen und für andere Nutzern leichter auffindbar zu machen. Um diesen Zweck zu erfüllen, sollten demnach ausschließlich relevante Hashtags verwendet werden. Verwenden Sie also nicht den Hashtag #selfie, wenn Sie ein Bild von einem Sonnenuntergang hochladen. Nutzer sind durch solche unpassenden Hashtags schnell verärgert und Sie ziehen hieraus absolut keinen Nutzen.

Wie viele Hashtags man verwenden sollte, hängt ebenfalls von der Sinnhaftigkeit der Hashtags ab. Sollten Sie hierbei viele passende finden, können Sie diese ruhig verwenden – mehr als 10 bis 20 sollten es jedoch keinesfalls sein. In jedem Fall sollten Sie lieber weniger Hashtags benutzen, dafür aber sinnvolle. Manche Instagrammer setzen die Hashtags übrigens nicht in die Bildunterschrift, sondern schreiben einen

Kommentar zu ihrem eigenen Bild und setzen dort die Hashtags.

Auch durch diese Art und Weise wird das Bild mit den entsprechenden Hashtags versehen und auf gleiche Weise in der Suchfunktion gefunden. Die Hashtags lieber in einen Kommentar zu setzen, macht vor allem dann Sinn, wenn Sie sehr viele Hashtags verwenden möchten – auch wenn das nicht empfehlenswert ist. Sonst kann es schnell passieren, dass die Bildunterschrift zu 80 % aus Hashtags besteht. Das sollte in keinem Fall so sein. Wenn Sie jedoch eine Bildunterschrift von einigen Sätzen geschrieben haben und dieser am Ende 2-3 Hashtags zufügen, ist das kein Problem. Darüber hinaus besteht auch die Möglichkeit, Hashtags direkt in den geschriebenen Text einzufügen.

Das bedeutet, dass sie Wörter, die in Ihrer Beschreibung vorkommen schlichtweg als Hashtag verwenden. Beispiel: Sie posten ein Essensbild und schreiben dazu: „Zum #Mittagessen gab es bei uns heute einen köstlichen #Salat." Die Hashtags #Mittagessen und #Salat sind passend zu Ihrem Bild und kommen in Ihrem Text ohnehin vor. So können Sie diese gleich als Hashtag nehmen und schlagen sozusagen zwei Fliegen mit einer Klappe.

Auch bei Ihren Bildbeschreibungen empfiehlt es sich übrigens Absätze zu machen, um dem Betrachter einen guten Überblick zu geben. Hierfür bereiten Sie Ihre Bildunterschriften wiederum einfach in Ihren Notizen vor und fügen Sie dann bei Instagram ein. Danach müssen nur noch die Hashtags beigefügt werden.

3. 6. Wie oft sollte ich etwas posten und wie funktioniert der Instagram-Algorithmus?

Um auf Instagram erfolgreich zu werden, sind regelmäßige Beiträge von höchster Priorität. Zum einen möchten die Follower regelmäßig mit neuen Inhalten versorgt und unterhalten werden. Wer über lange Zeit nichts postet, wird nach und nach Follower verlieren. Idealerweise sollte alle 1-2 Tage ein neuer Post hochgeladen werden – besser aber ein Mal am Tag. Zu viel posten sollten Sie allerdings auch nicht. Bei Bedarf können es auch zwei Bilder täglich sein. Posten Sie allerdings nahezu stündlich ein neues Bild, so fühlen sich die Abonnenten schnell „belästigt". Diese wollen sich schließlich auch noch die Bilder von anderen Instagrammern anschauen. Wird der Newsfeed von einem einzigen Instagrammer nahezu überlagert, so führt dies schnell dazu, dem betreffenden Profil zu entfolgen. Teilen Sie sich die Inhalte also gut ein und teilen Sie diese in möglichst regelmäßigen Abständen. An einem Tag gleich 5 Bilder auf einmal zu posten und dann eine ganze Woche lang gar nichts führt schnell zu Misserfolg und sinkenden Abo-Zahlen.

Das regelmäßige Posten von Bildern ist mittlerweile jedoch nicht nur für die Erwartungshaltung der Follower wichtig. Auch der Instagram-Algorithmus, welcher unter Anderem dafür sorgt, dass Ihre Bilder den Followern überhaupt angezeigt werden, spielt eine bedeutende Rolle.

In früheren Zeiten wurden die Inhalte der abonnierten Instagrammer in chronologischer Reihenfolge im Newsfeed angezeigt. Die Bilder wurden also nach Datum und Uhrzeit sortiert. Mittlerweile hat Instagram jedoch einen neuen Algorithmus eingeführt, welcher vor allem der Nutzerfreundlichkeit der Konsumenten dienen soll. Viele Nutzer haben sehr viele Accounts abonniert und können sich daraufhin gar nicht alle neuen Inhalte anschauen. Der

Algorithmus legt es deshalb darauf an, dass den Nutzern nur bestimmte Inhalte – nämlich die, die ihnen wahrscheinlich am besten gefallen werden – anzeigt und andere Inhalte sozusagen unsichtbar sind. Nun stellt sich natürlich die Frage, woher der Algorithmus wissen will, welche Inhalte dem Nutzer gefallen und welche nicht.

Dies macht der Algorithmus ganz einfach daran fest, welche Inhalte der Nutzer in der Vergangenheit vermehrt „gelikt" hat. Nehmen wir beispielsweise an, dass ein Instagrammer 3 Tage lang jeweils ein Bild postet und ein bestimmter Nutzer bei jedem Bild den Like-Botton klickt. Wenn der Instagrammer dann am vierten Tag wieder ein neues Bild postet, so wird dieses dem Nutzer sehr wahrscheinlich in seinem Newsfeed weit oben angezeigt.

Der Algorithmus schließt aus dem Verhalten des Nutzers (also dem Liken der vorherigen Bilder), dass dem Nutzer sicherlich auch dieses Bild gut gefallen wird, beziehungsweise relevant ist. Wenn ein anderer Instagrammer, dem der Nutzer ebenfalls folgt, an drei aufeinanderfolgenden Tagen gar nichts postet, so kann der Nutzer bei ihm logischerweise auch keine Likes oder Kommentare vergeben. Ein Bild, welches der

Instagrammer dann am vierten Tag postet, wird dem Nutzer möglicherweise gar nicht angezeigt, da der Algorithmus davon ausgeht, dass dieses aufgrund der fehlenden Interaktion der vergangenen drei Tage weniger relevant für den Nutzer ist. Um die Interaktionsrate hoch zu halten, sollte deshalb möglichst täglich etwas gepostet werden.

Viele sehen den neuen Algorithmus als Segen, andere als Fluch. Doch eigentlich ist der Algorithmus ein faires Mittel, welches diejenigen belohnt, die regelmäßig posten. Wenn Sie selbst in dem oben genannten Beispiel der Instagrammer sind, der regelmäßig postet, können Sie sich darüber freuen, dass Ihre Inhalte den Inhalten anderer vorgezogen und vermehrt angezeigt werden. Verfluchen Sie den Algorithmus also nicht, sondern nutzen Sie diese Funktion lieber positiv für Ihr eigenes Wachstum.

3. 7. Zu welchen Uhrzeiten sollte ich posten?

Neben der Regelmäßigkeit stellt sich natürlich auch die Frage, zu welchen Uhrzeiten man am besten posten sollte. Dank den neuen Algorithmus ist dieser Aspekt glücklicherweise nicht mehr ganz so relevant wie in früheren Zeiten. Ist ein Nutzer stets in Interaktion mit Ihren Inhalten, so werden dem Nutzer neue Bilder auch dann noch ganz oben in seinem Newsfeed angezeigt, wenn das Posting schon mehrere Stunden her ist. Dennoch ist es natürlich vorteilhaft, sich trotzdem möglichst nach den Uhrzeiten zu richten, zu denen die meisten ihrer Follower online sind. Der Algorithmus schließt nämlich noch viel mehr Faktoren mit ein, als nur die Interaktionsrate an sich.

So fließt in die Auswertung beispielsweise auch mit ein, wie viele Likes ein Bild innerhalb der ersten Stunde nach der Veröffentlichung und wie viele erst Tage später erhält. Die Interaktionen in der ersten Stunde sind dabei wichtiger und werden vom Algorithmus höher gewertet. Wann Ihre Follower online sind, können Sie mithilfe der „Insights" einsehen. Diese Funktion bietet Ihnen das Business-Profil, welches Sie in jedem Fall nutzen sollten. Darin finden Sie statistische Daten dazu, zu welchen Uhrzeiten, aber auch an welchen Wochentagen wie viele Ihrer Follower online sind. Bestenfalls posten Sie dann genau zu den Uhrzeiten, die hierbei am meisten vertreten sind. Auch allgemein haben sich hier unabhängig von den einzelnen Profilen bereits bestimmte Regelmäßigkeiten gezeigt.

So macht es beispielsweise in aller Regel wenig Sinn, an einem Samstag Abend etwas zu posten, da die meisten hier unterwegs sind und ihre Freizeit bei Freunden, Bekannten oder auf Partys genießen und wenig mit dem Handy beschäftigt sind.

Der Sonntagvormittag eignet sich für ein Posting hierzu schon viel besser. Unter der Woche hat sich gezeigt, dass die meisten Nutzer vor allem am Abend, aber auch in den frühen Morgenstunden online sind. Viele scrollen zum Beispiel gerne morgens in der Bahn auf dem Weg zur Arbeit oder auch abends nach Feierabend auf der Couch gerne durch den Instagram-Newsfeed.

Am Tage hingegen sind die meisten auf der Arbeit und finden wenig Zeit für das Smartphone. Werfen Sie abgesehen von diesen Regelmäßigkeiten aber auf jeden Fall einen Blick in Ihre Insights, da die Zeiten je nach Themengebiet dennoch individuell sein können. Wenn Sie zum Beispiel vorrangig Inhalte posten, die für Hausfrauen oder Mütter interessant sind, so könnte auch der gesamte Vormittag eine gute Zeit zum Posten sein. Der Mann ist auf der Arbeit und die Kinder im Kindergarten oder in der Schule, sodass gerade Mütter oft nur am Vormittag Zeit haben, sich in Ruhe die neuesten Inhalte auf Instagram anzuschauen. Finden Sie also heraus, wann Ihre ganz spezifische Zielgruppe in der Regel online ist und richten Sie sich mit Ihren Postings nach diesen Zeiten.

3. 8. Wie kann ich meine Reichweite erhöhen und meine Zielgruppe erreichen?

Die Erstellung guter Inhalte sowie das regelmäßige Posten sind die wichtigsten Voraussetzungen, um auf Instagram erfolgreich zu werden. Doch leider ist damit noch nicht getan, denn die Zielgruppe muss zunächst erst Mal auf das Profil aufmerksam werden und dies ist bei der großen Anzahl an Nutzern nicht gerade leicht. Jedoch gibt es hierzu verschiedene Tipps und Tricks, welche im Folgenden erläutert werden.

Eine Möglichkeit durch welche Nutzer ein neues Instagram Profil entdecken können, ist die Verwendung relevanter Hashtags. Werden diese gezielt eingesetzt, so werden in jedem Fall einiger User über die Suchfunktion bestimmter Hashtags auf einzelne Profile aufmerksam.

Um die Reichweite weiter zu erhöhen, hilft vor allem eigene Aktivität auf Instagram. Aktivität bedeutet, so oft wie möglich bei anderen Nutzern zu liken und zu kommentieren. Bekommt ein anderer Nutzer einen Kommentar zu seinem Bild, so ist es nicht unwahrscheinlich, dass er sich anschaut, von wem dieser Kommentar kommt. In diesem Fall klickt er dann auf das Profil und wenn es ihm gefällt, wird er diesem vielleicht folgen. Natürlich können Sie auch selbst anderen Usern folgen, da viele der User diese Unterstützung anerkennen werden und Ihnen somit auch oft danach ebenso folgen werden. Gerade zu Beginn kann es sinnvoll sein, sich gegenseitig zu unterstützen, um die ersten Follower zu erhalten.

Danach sollte die Followerschaft aber keinesfalls aus gegenseitigem Folgen basieren. Ziel ist es schließlich, dass die Nutzer Ihnen folgen, weil sie sich für die Inhalte interessieren. Setzen Sie deshalb den Fokus darauf, bei anderen zu liken und Kommentare zu schreiben, um Aufmerksamkeit zu erregen. Bei dieser Aktivität ist außerdem darauf zu achten, möglichst die richtige Zielgruppe anzusprechen. Zum einen ist die Wahrscheinlichkeit höher, dass diese Ihnen tatsächlich folgen, wenn Sie ihr Profil aufrufen und zum Anderen bleiben diese Abonnenten in der Regel auch länger bestehen. Um die richtige Zielgruppe zu erreichen, eignet sich vor allem die Hashtagsuche. Nehmen wir an, dass sich bei Ihrem Instagram-Account beispielsweise alles rund um´s Backen dreht.

In diesem Falle könnten Sie bei der Suchfunktion die Hashtags #backen, #kuchen oder #torten eingeben. Daraufhin finden Sie alle Bilder, welche die Nutzer zu diesen Hashtags in den vergangenen Stunden gepostet haben und können diese Bilder liken oder kommentieren. Ein Nutzer, der selbst ein Bild von einem Kuchen oder einer Torte hochgeladen hat, interessiert sich also unter Anderem für das Thema Backen. Dass ein solcher Nutzer Ihrem Account folgt, ist deshalb wahrscheinlicher, als irgendein beliebig anderer Nutzer. Neben der Hashtagsuche können Sie sich auch die einzelnen Abonnenten von anderen Nutzern, welche ein ähnliches Thema haben, anschauen.

Beispielsweise können Sie sich beim Thema Backen einen anderen Account suchen, welcher ebenfalls dieses Thema behandelt und schon recht erfolgreich ist. Dessen Abonnenten können Sie dann mithilfe von Likes und Kommentaren auf sich aufmerksam machen. Ein Nutzer, welche einem anderen Account zum Thema Backen folgt, könnte sich schließlich auch für Ihren Account interessieren. Wenn Sie durch eigene Aktivitäten auf Instagram Ihre Reichweite erhöhen wollen, dann achten Sie also in jedem Fall darauf, nicht willkürlich zu liken und zu kommentieren, sondern auch Ihre Zielgruppe zu erreichen.

Neben dem gegenseitigen Folgen, gibt es noch eine weitere (und bessere) Möglichkeit, wie Nutzer sich gegenseitig unterstützen können. Viele Instagrammer empfehlen sich - beispielsweise in ihren Insta-Stories – gegenseitig weiter. Das bedeutet, sie machen die eigene Community auf einen anderen Account aufmerksam und verlinken diesen Account natürlich auch. So können beide Accounts schnell neue Follower bekommen und es handelt sich dabei um eine tolle win-win Situation. Kontaktieren Sie dafür einfach einen Nutzer und fragen Sie nach, ob er Interesse an einer gegenseitigen Unterstützung hat. Auch hierbei gilt, dass sich die beiden Accounts wieder relativ ähnlich sein sollten, also das gleiche Thema behandeln sollten. So wird sichergestellt, dass die Zielgruppe auch übereinstimmt. Darüber hinaus ist darauf zu achten, dass beide Nutzer ungefähr die gleich Anzahl von Followern haben sollten.

3. 9. Kann und sollte ich mir zu Beginn Follower "kaufen"?

Der Vollständigkeit halber soll zum Schluss noch kurz auf das Thema „Follower kaufen" eingegangen werden. Wenn Sie sich mit Instagram beschäftigen, werden Sie früher oder später auf Angebote aufmerksam werden, die dazu einladen, sich Follower zu „kaufen".

Diese Angebote klingen auf den ersten Blick sehr verlockend, da Sie hiermit die Anzahl Ihrer Abonnenten in wenigen Sekunden extrem erhöhen können. Von diesen Angeboten ist jedoch gänzlich abzuraten, wenn Sie auf Instagram erfolgreich werden und damit Geld verdienen möchten. Zum einen handelt es sich bei diesen Followern nicht um „echte" Follower, d. h. Sie liken und kommentieren Ihre Bilder nicht. Wie Sie in den vorherigen Abschnitten gelernt haben, ist jedoch die Interaktionsrate von enorm großer Bedeutung. Wenn Sie eine große Followerschaft haben, diese jedoch nicht mit Ihren Inhalten interagieren, so werden Unternehmen auch nicht mit Ihnen zusammenarbeiten wollen.

Zum Anderen ist die Möglichkeit, Follower käuflich zu erwerben den meisten Unternehmen bekannt. Aus diesem Grund wurden mittlerweile bestimmte Softwareprogramme entwickelt, mit Hilfe derer man schnell ermitteln kann, ob die Follower eines Nutzers „echt" oder „gekauft" sind. Andere Programme, die im Übrigen jedem frei und kostenlos zugänglich sind, zeigen durch verschiedene Statistiken die Entwicklung eines Accounts an.

Im Idealfall zeigen diese Statistiken ein konstantes und sozusagen ein „natürliches" Wachstum an, d. h. Es kommen in regelmäßigen Abständen immer wieder neue Follower dazu. Wenn ein Account von einem Tag auf den anderen plötzlich von 1.000 Follower auf 10.000 Follower steigt, so kann daraus schnell geschlossen werden, dass diese Follower gekauft sein müssen – alles andere wäre unnormal. Auf Unternehmen wirken solche Accounts deshalb gleich unseriös und schrecken ab. Bringen Sie deshalb lieber etwas Geduld mit und bauen sich nach und nach eine Community auf, die Ihre Inhalte wirklich schätzen und Ihnen gerne folgen. So werden Sie auch das Vertrauen von Unternehmen gewinnen und langfristig mit Instagram Geld verdienen können.

Schlusswort

In diesem Ratgeber haben Sie nun alle wichtigen Informationen zum Thema „Geld verdienen mit Instagram" erhalten und können im Prinzip gleich loslegen! Alles was Sie dazu benötigen ist ein Smartphone und eine Internetverbindung. Bevor Sie starten, sollten Sie sich jedoch wie in diesem Ratgeber erläutert, zunächst gründliche Gedanken dazu machen, mit welchem Thema Sie auf Instagram erfolgreich werden möchten. Gehen Sie hier bestenfalls Ihrer ganz persönlichen Leidenschaft nach. Denn da Sie nicht von heute auf morgen mit Instagram Geld verdienen werden, sollte Ihnen die Tätigkeit in jedem Fall auch Freude bereiten. Um auf Instagram erfolgreich zu werden, ist es nicht nur wichtig, alle genannten Aspekte und Strategien genauestens zu verfolgen, sondern auch eine gewisse Geduld und Ausdauer mitzubringen. Zunächst müssen Sie also einige Zeit in den Aufbau Ihrer Community und die Gestaltung Ihrer Inhalte investieren. Wer regelmäßig postet, aktiv ist und vor allem über einen längeren Zeitraum dran bleibt, kann sich langfristig über Instagram ein lukratives Einkommen generieren. Wir wünschen Ihnen viel Erfolg auf Instagram.

1. Auflage 2019

©: Markus Rauter 2019

Das Werk einschließlich aller Inhalte, wie Informationen, Strategien und Tipps ist urheberrechtlich geschützt. Alle Rechte vorbehalten. Nachdruck oder Reproduktion (auch auszugsweise) in irgendeiner Form (Druck, Fotokopie oder anderes Verfahren) sowie die Einspeicherung, Verarbeitung, Vervielfältigung und Verbreitung mit Hilfe elektronischer Systeme jeglicher Art, gesamt oder auszugsweise, ist ohne ausdrückliche schriftliche Genehmigung des Autors untersagt. Die Inhalte dürfen keinesfalls veröffentlicht werden. Bei Missachtung werden rechtliche Schritte eingeleitet.

Autor: Markus Rauter
Satz und Gestaltung: Markus Rauter
Projektkoordination: RPS Handel UG, Bahnhofstraße 129, 40883 Ratingen
Covergestaltung: RPS Handel UG, Bahnhofstraße 129, 40883 Ratingen

Haftungsausschluss:

Die Nutzung dieses Buches und die Umsetzung der enthaltenen Informationen, Anleitungen und Strategien erfolgt auf eigenes Risiko. Der Autor kann für etwaige Schäden jeglicher Art aus keinem Rechtsgrund eine Haftung übernehmen. Haftungsansprüche gegen den Autor für Schäden materieller oder ideeller Art, die durch die Nutzung oder Nichtnutzung der Informationen bzw. durch die Nutzung fehlerhafter und/oder unvollständiger Informationen verursacht wurden, sind grundsätzlich ausgeschlossen. Rechts- und Schadenersatzansprüche sind daher ausgeschlossen. Dieses Werk wurde sorgfältig erarbeitet und niedergeschrieben. Der Autor übernimmt jedoch keinerlei Gewähr für die Aktualität, Vollständigkeit und Qualität der Informationen. Druckfehler und Falschinformationen können nicht vollständig ausgeschlossen werden. Es kann keine juristische Verantwortung sowie Haftung in irgendeiner Form für fehlerhafte Angaben vom Autor übernommen werden.

www.ingramcontent.com/pod-product-compliance
Lightning Source LLC
Chambersburg PA
CBHW020618220526
45463CB00006B/2613